© Textos: Jordi Sierra i Fabra, 2013
© Ilustraciones: Violeta Monreal, 2013

© Grupo Editorial Bruño, S. L., 2013
Juan Ignacio Luca de Tena, 15
28027 Madrid

Dirección del Proyecto Editorial: Trini Marull
Dirección Editorial: Isabel Carril
Coordinación Editorial: Begoña Lozano
Proyecto: Violeta Monreal
Diseño: Óscar Muinelo
Edición: Cristina González
Preimpresión: Equipo Bruño

www.brunolibros.es

Todas las fotografías utilizadas en este libro han sido realizadas expresamente por el Estudio Violeta Monreal o por Edelweiss Monreal, a quien agradecemos muy especialmente su colaboración.

ISBN: 978-84-216-9957-7
D. legal: M-1602-2013

Reservados todos los derechos. Quedan rigurosamente prohibidas, sin el permiso escrito de los titulares del *copyright*, la reproducción o la transmisión total o parcial de esta obra por cualquier procedimiento mecánico o electrónico, incluyendo la reprografía y el tratamiento informático, y la distribución de ejemplares mediante alquiler o préstamo públicos. Pueden utilizarse citas siempre que se mencione su procedencia.

Printed in Spain

16 MUJERES
muy, muy importantes

Jordi Sierra i Fabra

Violeta Monreal

Libro para los que quieren conocer
a algunas de las mujeres
más importantes de la historia

Bruño

16 MUJERES
muy, muy importantes

Un divertido libro en el que encontrarás datos muy curiosos sobre algunas de las mujeres más importantes de la historia.

Además, tras la lectura podrás mostrar tus dotes de detective, porque en cada doble página hay escondidos seis objetos que debes descubrir. ¿Te atreves a encontrarlos?

Índice

1	Cleopatra	8
2	Juana de Arco	10
3	Isabel la Católica	12
4	Teresa de Jesús	14
5	Jane Austen	16
6	Florence Nightingale	18
7	Marie Curie	20
8	Mata Hari	22
9	Isadora Duncan	24
10	Virginia Woolf	26
11	Coco Chanel	28
12	Frida Kahlo	30
13	Teresa de Calcuta	32
14	Maria Callas	34
15	Ana Frank	36
16	Valentina Tereshkova	38
	Soluciones	42
	Búsqueda	44

Cleopatra

69 a. C.-30 a. C.
(39 años)

¿Quién fue?
La última reina de Egipto. Aunque se la retrata como una mujer de extraordinaria belleza, lo que en realidad tenía era una gran personalidad y mucho poder de seducción.

Fue reina con 18 años.

Su educación
Estudió medicina, astronomía, matemáticas, música, ciencias políticas, y además de su lengua hablaba hebreo, arameo, sirio y griego.

¡Qué curioso!
La ley la obligó a casarse con su hermano menor Ptolomeo XIII, y heredaron el trono de Egipto en el año 51 a. C., pero las peleas entre ambos hicieron que Cleopatra fuese destronada. El general romano Julio César la devolvió a su puesto y ella se casó con su otro hermano, Ptolomeo XIV.

Tuvo cuatro hijos: Cesarión, Cleopatra Selene, Alejandro Helios y Ptolomeo Filadelfo.

La leyenda
La nariz de Cleopatra era su rasgo más peculiar, por ser bastante grande. Muchos han hablado de ella, incluso los personajes de Astérix en su aventura egipcia *Astérix y Cleopatra*.

Pidió ser enterrada con su gran amor, Marco Antonio.

¿Por qué murió?
Amante de Julio César y luego del cónsul romano Marco Antonio, tras la derrota de la batalla de Accio, Cleopatra intentó seducir al que sería nuevo emperador, Octavio Augusto, pero él quiso llevarla a Roma como esclava. Cleopatra se suicidó haciéndose morder por un áspid (una víbora muy venenosa).

Recuerda
Hay decenas de obras de teatro, óperas, *ballets* y películas de su vida, además de pinturas y esculturas. Shakespeare escribió *Antonio y Cleopatra* en 1606. En 1963, los actores Richard Burton y Elizabeth Taylor protagonizaron la grandiosa película *Cleopatra*.

Para saber más
http://goo.gl/FbpA5
(Documental sobre Cleopatra)

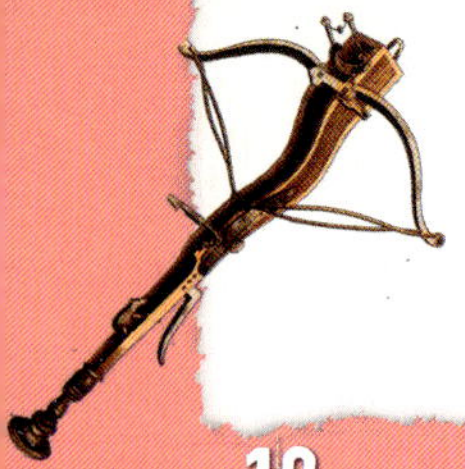

Juana de Arco

1412-1431 (19 años)

¿Quién fue?
Una de las grandes santas de la historia y una heroína francesa que se hizo famosa en la Guerra de los Cien Años entre Francia e Inglaterra (1337-1453). Vivió solo 19 años, y con apenas 17 llevó a la victoria al ejército francés.

Fue beatificada en 1909 y canonizada en 1920.

¿De dónde era?
Nació en Domrémy, en la región de la Lorena francesa. Su padre fue Jacques Darc, agricultor acomodado. Con los años, «Darc» pasó a ser «d'Arc» («de Arco»).

Se la conoció con el apodo de la doncella de Orleans.

¡Qué curioso!
De niña escuchó la voz de Dios por primera vez. Aquella voz le transmitió el mensaje de que fuera a Orleans para vencer el asedio de esa ciudad. Tras convencer al rey, se dice que llevó el estandarte y dio moral a los soldados.

«Por orden de Dios», Juana vestía ropas de hombre.

Su tragedia
Fue capturada por las tropas borgoñesas y más tarde entregada al ejército inglés, que la juzgó por herejía, algo que equivalía a morir en la hoguera. Fue quemada viva en la ciudad francesa de Ruan, tras un falso juicio revisado años después.

¿Por qué es una leyenda?
La Iglesia católica la veneró a partir del siglo XVI, en Francia se convirtió en un estandarte cultural en el siglo XIX, y las tropas aliadas en las dos guerras mundiales del siglo XX hicieron de ella un símbolo.

Recuerda
Mucho de lo que se sabe de ella procede de sus propias declaraciones. Con los siglos, su leyenda se ha agigantado más y más hasta convertirse en objeto de estudio.
Hay muchas películas acerca de su historia.

Para saber más
http://goo.gl/Kueuy
(Documental sobre Juana de Arco)

Isabel la Católica

1451-1504 (53 años)

¿Quién fue?
La reina de Castilla que, junto a su marido, Fernando de Aragón, unificó España con su matrimonio. Reinó en Castilla 30 años, y 26 en Aragón como consorte. El Papa tuvo que otorgarles una dispensa para casarse, puesto que eran primos.

¿De dónde era?
Nació en Madrigal de las Altas Torres (Ávila) y vivió una época de intrigas palaciegas antes de convertirse en reina. Rechazó a todos los maridos con los que querían casarla para formar alianzas y escogió a Fernando.

¡Qué curioso!
La unión de Fernando e Isabel dio pie a que surgiera el lema que los ha hecho famosos: «Tanto monta, monta tanto, Isabel como Fernando». La Iglesia les concedió el título de Reyes Católicos, por perseguir a los musulmanes y expulsar a los judíos de España.

La leyenda
Isabel apoyó a Cristóbal Colón, un marino llegado a España con la loca idea de encontrar las Indias, y tres carabelas llegaron en 1492 a lo que hoy es América. La leyenda dice que Isabel entregó sus joyas para comprar aquellos barcos.

Su amor
Para que nadie impidiera su matrimonio, Isabel se escapó de la vigilancia a la que era sometida mientras Fernando atravesaba Castilla en secreto, disfrazado de mozo de mulas (¡y eso a pesar de que los dos eran reyes!).

Recuerda
Estuvo a menudo al lado de su marido en las contiendas, en la retaguardia. Su presencia fue decisiva en la conquista de Granada en 1492, cuando sus tropas ganaron la batalla a Boabdil, el último rey islámico de esa ciudad.

Para saber más
http://goo.gl/lEngR
(Documental sobre Isabel la Católica)

Creó la Santa Hermandad, para que los caminos fueran seguros y no hubiera bandidaje.

Bajo su reinado apareció la Santa Inquisición, que perseguía a todo sospechoso de brujería.

Con la caída de Granada acabó la Reconquista, ocho siglos después de su inicio.

Teresa de Jesús

1515-1582 (67 años)

¿Quién fue?
Monja, Doctora de la Iglesia católica y también escritora que dejó un extenso legado intelectual. Fundó una rama de la Orden de Nuestra Señora del Monte Carmelo, conocida como las carmelitas descalzas.

¿De dónde era?
Nació en Alba de Tormes (Ávila). Se llamaba Teresa de Cepeda y Ahumada y fue hija de un descendiente de judío converso que tuvo dos hijos con su primera mujer y diez con la segunda, entre ellos Teresa.

¡Qué curioso!
Su padre llegó a prohibirle ser monja, y con 18 años, Teresa tuvo que marcharse de casa para seguir su impulso religioso. Al menos, en aquel tiempo todavía no había clausura en los conventos y pudo seguir manteniendo la relación con sus familiares y amigos.

Su tragedia
Tuvo una salud muy frágil, sufrió innumerables ataques y diversas enfermedades: llegó a estar dos años inválida, padecía problemas de corazón, se desmayaba… Siempre dijo que sanó por la intercesión de san José.

Sus visiones
A lo largo de su vida tuvo abundantes visiones místicas. En la primera, en 1542, se le apareció Jesucristo para reprenderla por tratar con seglares. En otras visiones afirmó haber visto el infierno, ángeles, a la Virgen y a Jesús resucitado.

Recuerda
Escribió gran número de obras, desde poesías y ensayos hasta cartas. Las más destacadas son *Camino de perfección*, *Las moradas*, *Avisos* y su autobiografía *Libro de la vida*. Su historia fue llevada a la televisión en 1984, con la actriz Concha Velasco en el papel de la santa.

Para saber más
http://goo.gl/Qrvhg
(Fragmento de la serie *Teresa de Jesús*)

La lectura de multitud de libros avivó su pasión ya desde la infancia.

La Santa Inquisición llegó a censurarla y ordenó quemar su libro *Meditaciones sobre el Cantar de los Cantares*.

En 1970, junto con santa Catalina de Siena, fue la primera mujer en ser proclamada Doctora de la Iglesia por el papa Pablo VI.

Jane Austen

1775-1817 (41 años)

¿Quién fue?
En un tiempo en el que las mujeres estaban destinadas únicamente al matrimonio y los hijos, Jane Austen se empeñó en ser escritora. Sus primeros libros aparecieron sin su nombre, y el éxito solo le llegó al final de su vida.

¿De dónde era?
Nació en Steventon (Inglaterra). Su padre fue un párroco anglicano que, para ganar dinero extra, daba clases particulares. Jane fue la mayor de ocho hermanos, y pasó toda su vida en el ámbito burgués y agrario que retrató tan fielmente en sus libros.

¡Qué curioso!
En 1803 por fin consiguió vender una novela, *La abadía de Northanger*, por 10 libras, pero el libro no se editaría hasta 14 años después, justo al morir ella. *Sentido y sensibilidad* se editó en 1811 con esta firma: «By a lady». El éxito hizo que poco a poco se diera a conocer su identidad.

El misterio
Su único amor conocido, a la edad de 20 años, fue Thomas Lefroy, pero los convencionalismos de la época y el hecho de que él fuese pobre impidieron su unión. Se sabe que otro hombre la amó locamente, pero murió de forma prematura.

¿Por qué fue escritora?
Su padre tenía una amplia biblioteca, y ella devoraba libros sin cesar y «sin avergonzarse de ello», palabras que reflejan lo que en aquel tiempo padecían las mujeres que se desmarcaban de lo establecido y amaban la cultura o leían por placer.

Recuerda
Escribió seis novelas, todas ellas llevadas en varias ocasiones al cine y la televisión: *Orgullo y prejuicio, Sentido y sensibilidad, La abadía de Northanger, Mansfield Park, Emma* y *Persuasión*.

Para saber más
http://goo.gl/NrFy1 (Blog sobre Jane Austen)

Quisieron casarla con un reverendo, pero ella se negó.

En 1802 aceptó casarse con Harris Bigg-Wither, pero rompió el compromiso al día siguiente.

Su hermana Cassandra fue siempre su mejor amiga y confidente, y se conserva numerosa correspondencia entre ellas.

Florence Nightingale

1820-1910 (90 años)

¿Quién fue?
La mujer que impulsó y sentó las bases de la enfermería moderna, profesionalizando el trabajo de asistencia a los médicos. Gracias a ella, que inspiró al filántropo Jean Henri Dunant, nació la Cruz Roja.

¿De dónde era?
Nació en la Toscana (Italia), pero su familia era inglesa. De ahí su nombre: Florence, por la ciudad de Florencia. Tuvo que desafiar a sus padres cuando les dijo que quería ser enfermera en lugar de casarse como correspondía a una joven de su época.

¡Qué curioso!
Se llama «síndrome Nightingale» al hecho de que un médico o enfermera desarrolle un afecto más allá de lo profesional por un enfermo al que ve sufrir.

La leyenda
Florence se hizo famosa por su gran labor durante la guerra de Crimea (1853-1856). La llamaban *la dama de la lámpara* porque por las noches recorría infatigablemente las salas de los hospitales sosteniendo una luz para asistir a los heridos.

Su legado
Además de su importante contribución a la enfermería, luchó por los derechos de la mujer, especialmente en contra de la costumbre de que los padres concertaran matrimonios de conveniencia para sus hijas. De hecho, ella jamás se casó.

Recuerda
Escribió varios libros, pero el primero, *Notas sobre enfermería*, marcó el camino por el que esa profesión se ha regido hasta hoy, salvando miles y miles de vidas.

Para saber más
http://goo.gl/KRQJu
(Vídeo sobre Florence Nightingale)

Inventó el «diagrama de la rosa» para realizar estadísticas de mortalidad.

En la Inglaterra victoriana (de 1837 a 1901, aproximadamente), las mujeres no estudiaban.

Fue una de las primeras feministas de la historia.

Marie Curie

1867-1934 (66 años)

¿Quién fue?
La pionera en los estudios sobre la radiactividad a finales del siglo XIX. Descubrió dos nuevos elementos químicos, el polonio y el radio, el primero bautizado así por su país de nacimiento.

¿De dónde era?
Nació en Polonia con el nombre de Marja Salomea Sklodowska, llegó a París con 24 años y se casó con el físico Pierre Curie, adoptando la nacionalidad francesa. Su matrimonio duró 11 años, hasta la muerte de Pierre, atropellado por un carruaje.

¡Qué curioso!
Fue la primera persona a la que se le otorgaron dos premios Nobel en dos campos distintos, el de Física en 1903 y el de Química en 1911. También fue la primera mujer profesora en la Universidad de la Sorbona, en París.

Su tragedia
Debido a sus estudios en el campo de la radiactividad, Marie y su marido sufrían constantes quemaduras en un tiempo en el que se desconocía el peligro que eso representaba. Los dos sacrificaron su vida por su trabajo.

La leyenda
Para conseguir un gramo de cloruro de radio, Marie tuvo que tratar ocho toneladas de pechblenda, con los rudimentarios artilugios y métodos de finales del siglo XIX y comienzos del XX. Se consideró un hecho inaudito en su tiempo.

Recuerda
Fue toda una luchadora. En su infancia, Rusia ocupaba parte de Polonia, y Marie tuvo que asistir a clases clandestinas para no abandonar sus sueños de formación académica.

Para saber más
http://goo.gl/BzMro
(Reportaje sobre Marie Curie)

Tuvo dos hijas, Eva e Irene, y esta última también obtuvo el premio Nobel de Química en 1935.

A los cuatro años ya leía. Hablaba ruso, polaco, alemán y francés. Se graduó con 15 años.

Pasó su luna de miel recorriendo Francia en bicicleta.

Mata Hari

1876-1917
(41 años)

¿Quién fue?
Margaretha Geertruida Zelle, más conocida por su nombre artístico, Mata Hari, era una bailarina exótica que se convirtió en la espía más famosa de la historia.

¿De dónde era?
Nació en Holanda, pero vivió en Java (Indonesia), donde se impregnó de la cultura de los antepasados de su madre. Allí aprendió a bailar con el exotismo que la caracterizó, y llevó a París su excitante interpretación de la danza de los siete velos.

¡Qué curioso!
A los 18 años se casó con un militar mucho mayor que ella, al que conoció por un anuncio de un periódico. Tuvo dos hijos, pero uno murió y la otra quedó bajo la custodia de su padre.

La leyenda
Hay muchas teorías contradictorias acerca de su papel como espía en plena Primera Guerra Mundial (1914-1918). ¿Trabajaba para Francia, o fue una agente doble al servicio de Alemania? Sus amores con diversos militares y un juicio absurdo, con escasas pruebas, fueron suficientes para condenarla a morir fusilada.

El misterio
Los hombres que formaban el pelotón de fusilamiento eran doce. Consternados por tener que ejecutar a una mujer tan bella, únicamente tres balas impactaron en el cuerpo de la condenada, y de ellas, solo una le causó la muerte.

Recuerda
Hay muchas películas sobre su vida, pero la más conocida es la que protagonizó la actriz Greta Garbo en 1931. Su personaje también aparece en la serie televisiva de Indiana Jones, en canciones de Joaquín Sabina o Madonna… ¡e incluso con Mortadelo y Filemón!

Para saber más
http://goo.gl/SQikL (Imágenes de Mata Hari)

Se hizo pasar por una princesa de Java para triunfar en París.

Antes de ser ejecutada, lanzó un beso de despedida a los hombres del pelotón de fusilamiento.

Su cabeza embalsamada se conservó en el Museo de Criminales de Francia, hasta que desapareció en 1958.

Isadora Duncan

1877-1927
(50 años)

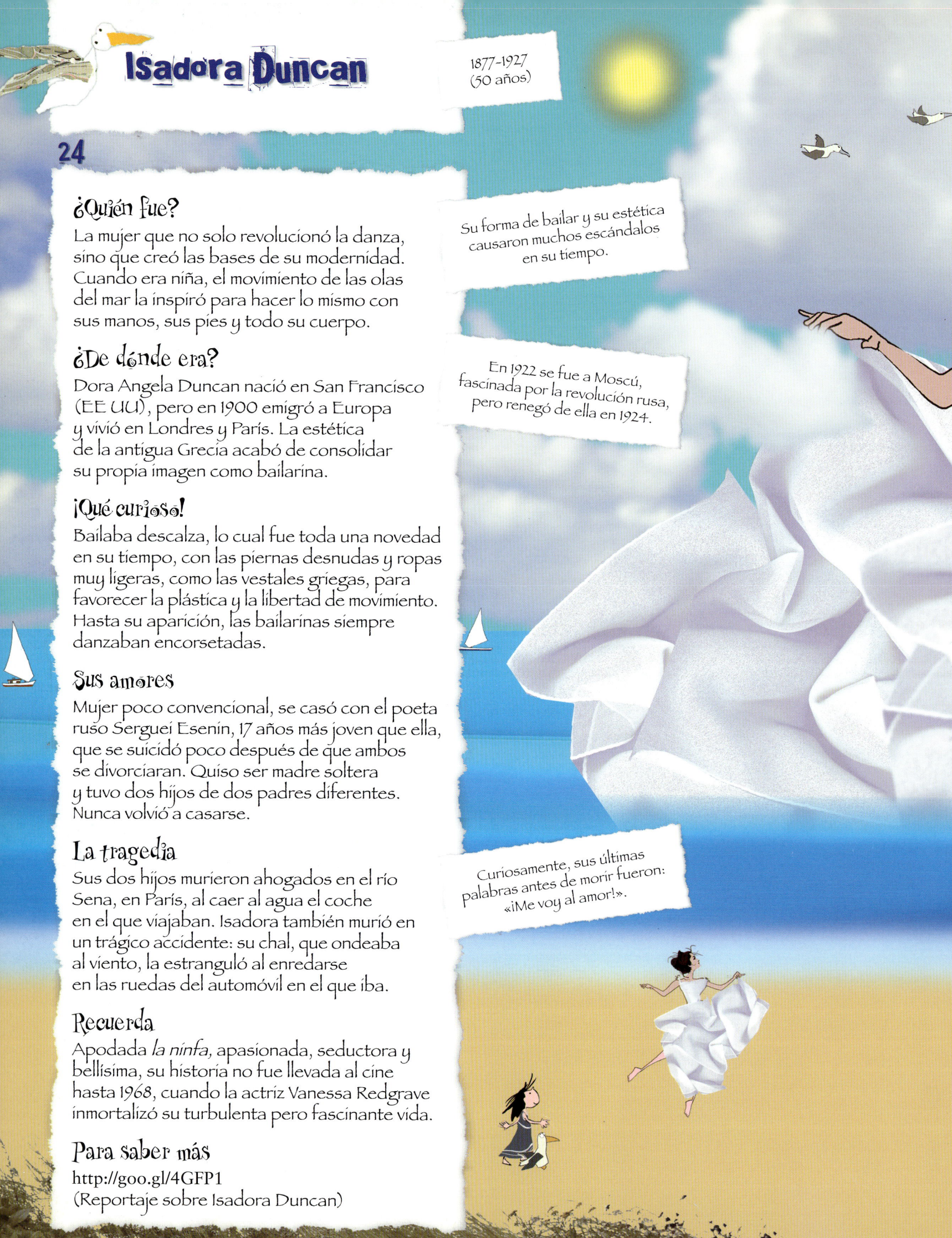

¿Quién fue?
La mujer que no solo revolucionó la danza, sino que creó las bases de su modernidad. Cuando era niña, el movimiento de las olas del mar la inspiró para hacer lo mismo con sus manos, sus pies y todo su cuerpo.

¿De dónde era?
Dora Angela Duncan nació en San Francisco (EE UU), pero en 1900 emigró a Europa y vivió en Londres y París. La estética de la antigua Grecia acabó de consolidar su propia imagen como bailarina.

¡Qué curioso!
Bailaba descalza, lo cual fue toda una novedad en su tiempo, con las piernas desnudas y ropas muy ligeras, como las vestales griegas, para favorecer la plástica y la libertad de movimiento. Hasta su aparición, las bailarinas siempre danzaban encorsetadas.

Sus amores
Mujer poco convencional, se casó con el poeta ruso Serguei Esenin, 17 años más joven que ella, que se suicidó poco después de que ambos se divorciaran. Quiso ser madre soltera y tuvo dos hijos de dos padres diferentes. Nunca volvió a casarse.

La tragedia
Sus dos hijos murieron ahogados en el río Sena, en París, al caer al agua el coche en el que viajaban. Isadora también murió en un trágico accidente: su chal, que ondeaba al viento, la estranguló al enredarse en las ruedas del automóvil en el que iba.

Recuerda
Apodada *la ninfa*, apasionada, seductora y bellísima, su historia no fue llevada al cine hasta 1968, cuando la actriz Vanessa Redgrave inmortalizó su turbulenta pero fascinante vida.

Para saber más
http://goo.gl/4GFP1
(Reportaje sobre Isadora Duncan)

Su forma de bailar y su estética causaron muchos escándalos en su tiempo.

En 1922 se fue a Moscú, fascinada por la revolución rusa, pero renegó de ella en 1924.

Curiosamente, sus últimas palabras antes de morir fueron: «¡Me voy al amor!».

Virginia Woolf

1882-1941 (59 años)

¿Quién fue?
Una escritora inglesa, feminista y guía del modernismo literario de la primera mitad del siglo XX. Famosa en los años treinta, su nombre se redescubrió en los setenta.

¿De dónde era?
Adeline Virginia Stephen nació en Londres. Su padre era escritor, su madre procedía de la India y ambos se casaron en segundas nupcias. La muerte de su madre cuando Virginia tenía 13 años, y la de su padre nueve años después, iniciaron la serie de depresiones que la persiguieron durante toda su vida.

¡Qué curioso!
Su último libro, *Entre actos*, publicado tras su muerte, es la más sentimental, profunda y bella de todas sus obras, con la peculiaridad de que en gran parte está escrito en verso.

Su tragedia
Víctima de un trastorno bipolar (una enfermedad desconocida en su tiempo), las depresiones acabaron por empujarla al suicidio poco después de empezar la Segunda Guerra Mundial (1939-1945). Llenó su abrigo de piedras y se ahogó en el río Ouse, cerca de su casa.

Su amor
A los 30 años se casó con el escritor Leonard Woolf, un hombre humilde en comparación con ella, pero con el que vivió lo mejor de su existencia. Juntos fundaron la editorial Hogarth Press.

Recuerda
Sus novelas se siguen leyendo y llevando al cine. Destacan *La señora Dalloway*, *Fin de viaje*, *Noche y día*, *Al faro* y el ensayo *Una habitación propia*. En 2002, la actriz Nicole Kidman ganó un Oscar por su interpretación de Virginia Woolf en la película *Las horas*.

Para saber más
http://goo.gl/7sGi2
(Reportaje sobre Virginia Woolf)

Su amistad con la también escritora Vita Sackville-West fue muy importante en su vida.

La obra de teatro y la película tituladas *¿Quién teme a Virginia Woolf?* la inmortalizaron en los años sesenta.

Tras su suicidio, su cuerpo tardó 22 días en ser encontrado.

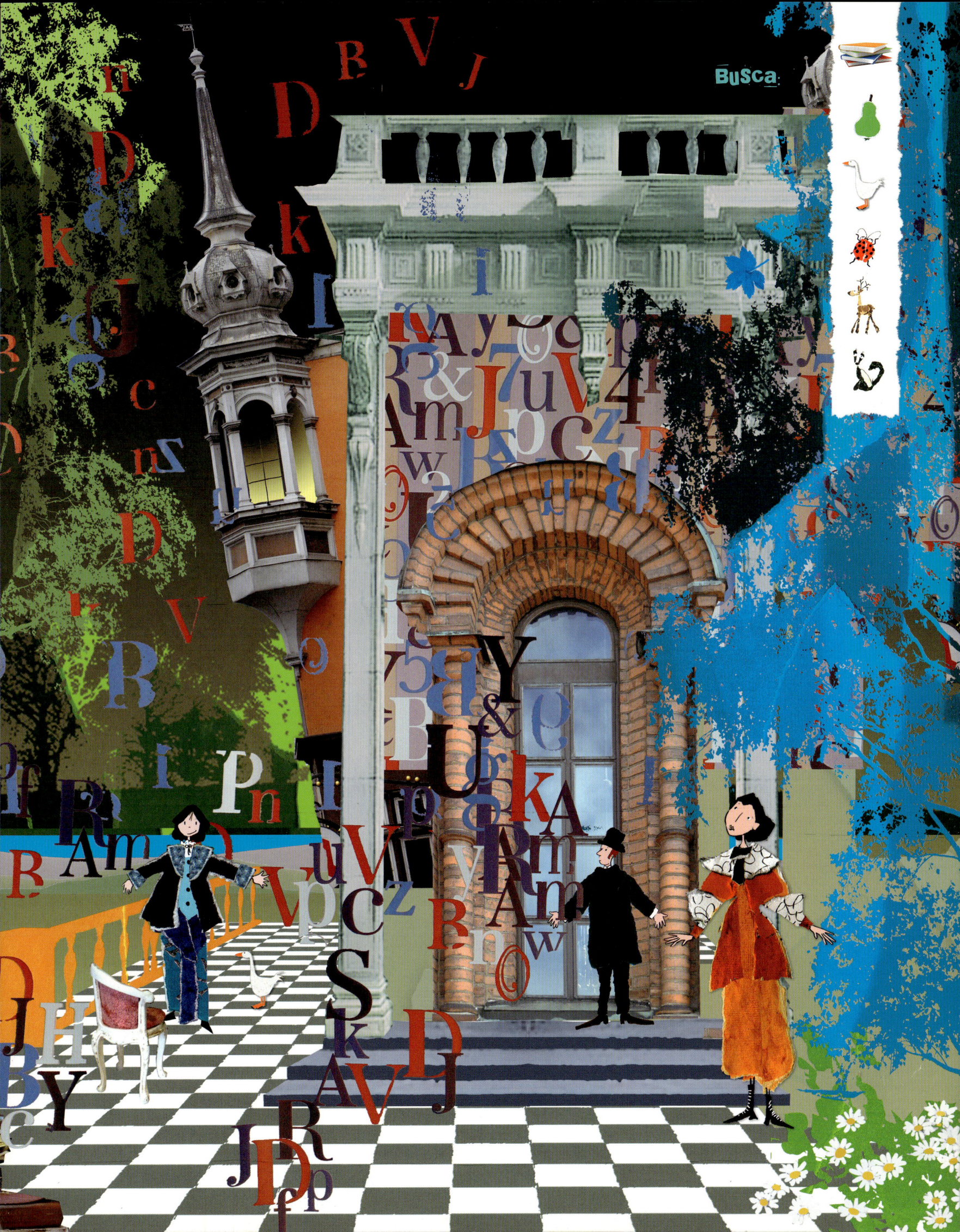

Coco Chanel

1883-1971
(87 años)

¿Quién fue?
Una pionera del feminismo y de la mujer libre e independiente que rompió moldes y reglas en la primera mitad del siglo XX. Fue la primera gran diseñadora de moda de la historia, revolucionando el mundo con sus ropas sencillas y cómodas.

¿De dónde era?
Nació en Saumur (Francia). Su madre murió de tuberculosis, y su padre la abandonó a ella y a sus cuatro hermanos. Tuvo una infancia muy triste al cuidado de sus dos tías, que tenían un orfanato. En él aprendió a coser y a los 17 años ya era costurera.

¡Qué curioso!
Su apodo, *Coco*, puede tener varios orígenes: por un lado, era el mote con el que la llamaban sus tías, pero también había una canción que ella cantaba y que hablaba de un perro llamado *Coco*. Su nombre real era Gabrielle Bonheur Chanel.

La leyenda
Tuvo varios amantes adinerados que la ayudaron a progresar en su carrera, pero todos sus grandes amores fueron trágicos y jamás se casó.

El cine
En 1931 recibió un millón de dólares del productor Samuel Goldwyn para vestir a las grandes estrellas de cine del momento: Katharine Hepburn, Grace Kelly, Elizabeth Taylor… El tacón bajo y la falda corta fueron algunas de sus muchas innovaciones.

Recuerda
En 1969, Katharine Hepburn protagonizó un musical en Broadway sobre su vida. En 2008, Shirley MacLaine la interpretó en una serie televisiva. Y en 2009, Audrey Tautou protagonizó la película *Coco avant Chanel*.

Para saber más
http://goo.gl/qM0Cd
(Reportaje sobre Coco Chanel)

Fue cantante de cabaret durante tres años.

Su perfume, Chanel n.º 5, sigue siendo el más famoso del mundo.

Un día apareció con el pelo corto y así nació el estilo «a lo *garçon*» («a lo chico»).

Frida Kahlo

1907-1954
(47 años)

¿Quién fue?
En el mundo del arte hay pocas pintoras, y ella fue una de las más grandes y singulares. Dejó apenas dos centenares de obras, principalmente autorretratos o escenas basadas en su difícil vida.

¿De dónde era?
Nació en México, y la explosión colorista de sus cuadros, así como la fantasía de sus imágenes, son herencia de sus raíces indígenas y del populismo del arte mexicano de su tiempo, a comienzos del siglo XX.

Su tragedia
Una enfermedad infantil y un accidente en su juventud deterioraron su cuerpo de tal forma que se vio sometida a más de 30 operaciones. Padeció innumerables dolores que marcaron mucho su obra, lo que reflejó especialmente en sus autorretratos.

Su amor
Estuvo casada dos veces con el famoso pintor mexicano Diego Rivera, pero también vivió diversos romances, como el que mantuvo con el revolucionario ruso León Trotski.

¿Por qué triunfó después de morir?
Frida nunca creyó que sus cuadros tuvieran valor alguno. Vivía a la sombra del genio de su marido. Solo realizó dos exposiciones, en 1938 en Nueva York y en 1939 en París. Sin embargo, tras su muerte se hizo muy famosa.

Recuerda
Su vida es un ejemplo de constante lucha por superar las adversidades. El accidente de tranvía que sufrió a los 18 años le rompió la columna vertebral en tres partes, el pubis en otras tres, la pierna derecha en once… y un pasamanos le atravesó la cadera izquierda.

Para saber más
http://goo.gl/w3rby (Reportaje sobre Frida Kahlo)

Para superar la poliomielitis que sufrió en su infancia practicó fútbol… ¡y boxeo!

Su padre era un fotógrafo alemán y su madre era de ascendencia española.

La actriz Salma Hayek la interpretó en el cine en 2002.

Teresa de Calcuta

1910-1997
(87 años)

¿Quién fue?
Una monja católica albanesa que, en 1950, creó la congregación de las Misioneras de la Caridad en Calcuta (India) para atender a los pobres y enfermos.

¿De dónde era?
Nació en Uskub, que actualmente pertenece a la República de Macedonia. Su nombre era Agnes Gonxha Bojaxhiu, pero se la conoce como madre Teresa de Calcuta porque desarrolló su obra misionera en esta ciudad de la India.

¡Qué curioso!
Recibió el premio Nobel de la Paz en 1979, además de innumerables galardones y el reconocimiento mundial por su inmensa labor humanitaria. Sus misioneras llevan un hábito blanco bordeado de azul.

La leyenda
En 1952, cuatro años después de la independencia de la India, inauguró su primer centro para moribundos junto a trece novicias. Tuvo que sortear multitud de dificultades, como la falta de dinero, pero en pocos años, su congregación llegó a contar con 4 000 integrantes.

¿Por qué inició su labor?
Un día vio a una mujer moribunda a la que estaban devorando las ratas, la llevó a un hospital y no se movió de su lado. Allí comprendió la necesidad de acoger a los desamparados en un lugar en el que, al menos, murieran en paz y con amor.

Recuerda
En 1965, su congregación inauguró su primer enclave fuera de la India, en Venezuela. En los años siguientes llegarían más establecimientos de caridad repartidos por los cinco continentes. Al morir, contaba con 610 misiones, hospitales, hospicios y hogares repartidos en 123 países.

Para saber más
http://goo.gl/CDzl6
(Entrevista a la madre Teresa de Calcuta)

Se cambió el nombre en honor a la patrona de los misioneros, santa Teresa de Lisieux.

Recibió un funeral de Estado y su cuerpo fue llevado en la misma carroza que trasladó al gran líder indio Gandhi.

Fue beatificada por el papa Juan Pablo II en 2003.

María Callas

1923-1977 (53 años)

¿Quién fue?
La cantante de ópera más famosa del siglo XX, apodada *la Divina*. Debutó profesionalmente en 1942, con solo 19 años.

¿De dónde era?
Nació en Nueva York, de padres emigrantes griegos. Como su apellido era muy complicado (Kalogeropoúlou), adoptaron el de Callas para su nueva vida en Estados Unidos. María regresó a Grecia para estudiar *bel canto* y volvió a América en 1944.

¡Qué curioso!
Interpretó 47 personajes distintos en escena y grabó discos entre 1949 y 1969. La ópera que más veces representó fue *Norma* (89 funciones), seguida de *La traviatta* (63), *Tosca* (51), *Lucía di Lammermoor* (46), *Aida* (33), *Medea* (31) y *Turandot* (24).

Su amor
Pese a haberse casado en 1949, su gran amor fue el multimillonario griego Aristóteles Onassis, con el que se unió en 1959. Nunca se casó con él, y cuando Onassis contrajo matrimonio con Jacqueline Kennedy, la viuda del presidente de EE UU, María sufrió una profunda depresión.

Su declive
Entre 1953 y 1954 perdió casi 40 kilos de peso, arriesgando su salud y también su voz, pero fue a comienzos de los años sesenta, al regresar a los escenarios después de su romance con Onassis, cuando se inició el deterioro de su carrera profesional, que culminó en 1965.

Recuerda
Sus mejores interpretaciones fueron las de las óperas *Norma*, *Medea*, *Turandot*, *Madamme Butterfly*, *La traviatta*, *Il trovatore*, *El barbero de Sevilla*, *Lucía di Lammermoor* y, por encima de todas, *Tosca*.

Para saber más
http://goo.gl/mIRUY (María Callas cantando el aria «Casta Diva» de la ópera *Norma*)

A los 16 años falseó su edad para poder estudiar en el Conservatorio Nacional de Atenas.

Su madre siempre la llamó «gorda y fea».

Su urna funeraria fue robada del cementerio y recuperada días después. Sus cenizas se esparcieron por el mar Egeo.

Ana Frank

1929-1945
(15 años)

¿Quién fue?
Una chica judía. En plena Segunda Guerra Mundial (1939-1945), pasó dos años y medio oculta en unas habitaciones secretas en Ámsterdam, donde vivía con sus padres, antes de que los nazis la detuvieran y muriese en un campo de exterminio en 1945.

¿De dónde era?
Nació en Alemania, pero su familia tuvo que huir a Holanda a causa del antisemitismo nazi que se desató antes de la guerra, y que terminó alcanzándolos igualmente.

Su amor
Peter van Peels fue el joven que vivió el encierro con ella, y Ana se enamoró de él. Los padres de ambos, la hermana de Ana y un amigo de la familia también compartieron aquella reclusión.

Su muerte
La familia fue detenida por los nazis el 2 de septiembre de 1944. Mandaron a Ana al campo de Auschwitz, y más tarde al de Bergen-Belsen, donde murió de tifus. Solo su padre, Otto Frank, se salvó de aquella tragedia.

¿Por qué es tan famosa?
Mientras estuvo oculta esos dos años y medio, escribió un diario que se hizo célebre al terminar la guerra y acabó convirtiéndose en todo un símbolo contra el horror nazi.

Recuerda
El diario de Ana Frank, salvado por unos amigos y recuperado por su padre al acabar la guerra, es el tierno, cálido y a la vez estremecedor testimonio de su corta vida.

Para saber más
http://goo.gl/tDjZL
(Documental sobre Ana Frank)

«La casa de atrás» era como llamaban a su escondite.

Su *Diario* se publicó en 1947, pero no llegó a España hasta 1955.

Su vida fue llevada al cine en 1959. La actriz Shelley Winters ganó un Oscar por su interpretación de la madre de Peter.

Valentina Tereshkova

Nació en 1937 en la antigua Unión Soviética.

¿Quién es?
La primera mujer que viajó al espacio, el 16 de junio de 1963, a bordo de la nave soviética *Vostok 6*.

¿De dónde es?
Nació en Yaroslav, al norte de Moscú. Trabajó en una fábrica, pero también estudió. Su sueño era volar, hizo paracaidismo y, gracias a su fuerza y su tesón, consiguió destacar.

¡Qué curioso!
Su nombre en clave durante la misión del *Vostok 6* fue Chaika («gaviota», en ruso), que con el tiempo se convirtió en su apodo. En aquel vuelo espacial no le permitieron tomar los mandos de la nave porque el jefe de la misión se enfadó con ella.

La leyenda
Entre 400 candidatas, solo cinco mujeres ingresaron en el cuerpo de astronautas en 1962, y únicamente ella viajó al espacio. La segunda mujer que lo logró, Svetlana Savitskaya, tardó 19 años en seguir sus pasos. La primera americana, Sally Ride, lo hizo en 1983.

El misterio
Al parecer, aquel vuelo fue infernal, la nave se desvió de su órbita, Valentina sufrió dolores, mareos y vómitos, no pudo comer y, tras ser expulsada de la nave en su regreso a la Tierra, cayó en un lago que tuvo que atravesar a nado estando herida.

Recuerda
El nombre «Valentina» significa «valor» y «fortaleza» en ruso. En honor a ella, se bautizó con él un cráter de la Luna. Conocida como *la mujer de hierro,* no pudo regresar al espacio, ni cumplir su sueño de viajar a Marte, «aunque solo fuera con billete de ida».

Para saber más
http://goo.gl/QgBZt
(Web sobre Valentina Tereshkova)

En su viaje espacial dio 48 vueltas alrededor de la Tierra en 70 horas y 50 minutos.

Se casó con el también cosmonauta Adrián Nikolayev y tuvo una hija, Elena. Su segundo marido murió en 1999.

En el año 2000 fue elegida «Mujer del Siglo XX» en Londres.

Soluciones

y

Búsqueda

Soluciones

8 Cleopatra

12 Isabel la Católica

16 Jane Austen

20 Marie Curie

10 Juana de Arco

14 Teresa de Jesús

18 Florence Nightingale

22 Mata Hari

24 Isadora Duncan

26 Virginia Woolf

28 Coco Chanel

30 Frida Kahlo

32 Teresa de Calcuta

34 Maria Callas

36 Ana Frank

38 Valentina Tereshkova

24 Isadora Duncan

26 Virginia Woolf

28 Coco Chanel

30 Frida Kahlo

32 Teresa de Calcuta

34 Maria Callas

36 Ana Frank

38 Valentina Tereshkova